Pesquisa, texto, ilustrações e projeto gráfico: **Raquel Coelho**
Fotografia: **Raquel Coelho e Cassidy Curtis**
Consultores na área de Arquitetura (leitura crítica): **Wilson Jorge Filho, Marília Paiva, Monica Lopes Ribeiro e José Washington Vidigal**
Consultor na área de Biologia: **Guilherme Muricy**
Gerente editorial: **Rogério Carlos Gastaldo de Oliveira**
Editora: **Andreia Pereira**
Assistente editorial: **Flávia Zambon**
Produção editorial: **Elcyr Alberto (coord.) / Patrícia Pellison**
Supervisão de revisão: **Fernanda Almeida Umile**
Produtor gráfico: **Rogério Strelciuc**

Direitos reservados à SARAIVA S.A. LIVREIROS EDITORES
Rua Henrique Schaumann, 270 – Pinheiros
05413-010 – São Paulo – SP

SAC | 0800-0117875
De 2ª a 6ª, das 8h30 às 19h30
www.editorasaraiva.com.br/contato

Proibida a reprodução total ou parcial desta obra sem o consentimento por escrito da editora.

1ª edição
1ª tiragem, 2014

960387.001.001

CIP-BRASIL. CATALOGAÇÃO NA PUBLICAÇÃO
SINDICATO NACIONAL DOS EDITORES DE LIVROS, RJ

C614a
    Coelho, Raquel
Arquitetura: a arte de criar espaços / texto e ilustração Raquel Coelho. - 1. ed. - São Paulo : Saraiva, 2014.
    80 p. : il. ; 29 cm. (No caminho das artes)

  Inclui bibliografia
  Sumário
  ISBN 978-85-7208-875-6

    1. Arquitetura - Literatura infantojuvenil. 2. Literatura infantojuvenil brasileira. I. Coelho, Raquel. II. Título. III. Série.

14-12886   CDD: 028.5
                                                          CDU: 087.5

ARQUITETURA
A ARTE DE CRIAR ESPAÇOS

Texto e Ilustrações
Raquel Coelho

Formato

Para todos os que trabalham
imaginando e criando
novos espaços,
com inteligência, sensibilidade,
e respeito à natureza.

Para Cassidy e Stella,
e para minha mãe Beatriz Coelho,
mestre na arte da vida.

Índice de Capítulos

1. Todo mundo é um pouco arquiteto, 7

2. Um lugar para morar, 13

3. A casa e o corpo, 23

4. Os ossos, as estruturas, 31

5. Desde que o mundo é mundo, 37

6. O concreto e a forma, 49

7. Tempos modernos, 55

8. Verde que te quero verde, 65

*

Pesquise, Desenhe, Faça, 73

NOTA DA AUTORA:

A arquitetura é um assunto muito vasto; portanto, é impossível falar de todos os seus aspectos em apenas um livro. Dentre a infinidade de exemplos e temas interessantes que existem pelo mundo afora, escolhi os mais apropriados para ilustrar algumas ideias importantes sobre essa maravilhosa forma de arte. Minha intenção é inspirar e instigar a curiosidade. Este livro é um ponto de partida. Para saber mais, leia livros sobre arquitetura, procure informações na internet e converse com arquitetos.

Em algumas páginas, inseri um **QR Code** parecido com este:

Para que o código possa ser lido, é preciso contar com um aparelho celular ou *tablet* que possua câmera digital e um *software* de leitura para QR Code. Vários *sites* oferecem o leitor gratuitamente. Para ver o que tem no código, abra o aplicativo instalado no celular, posicione a câmera digital de maneira que o código seja escaneado. Em instantes, o programa irá redirecioná-lo para o *site* do *link* que está no QR Code. Vale salientar que o aparelho celular deverá ter acesso à internet.

Esse é um recurso a mais, mas é inteiramente opcional.

No final do livro, existe uma parte com atividades, que foram pensadas como uma maneira de experimentar a arquitetura, e aprender mais sobre ela através da experiência direta.

Depois de experimentar a arte da arquitetura, tire uma foto do seu trabalho e envie para:
caminhodasartes@raquelrabbit.com

Consulte também o blog da coleção:
www.caminhodasartes.com

Divirta-se!

CAPÍTULO 1:
TODO MUNDO É UM POUCO ARQUITETO

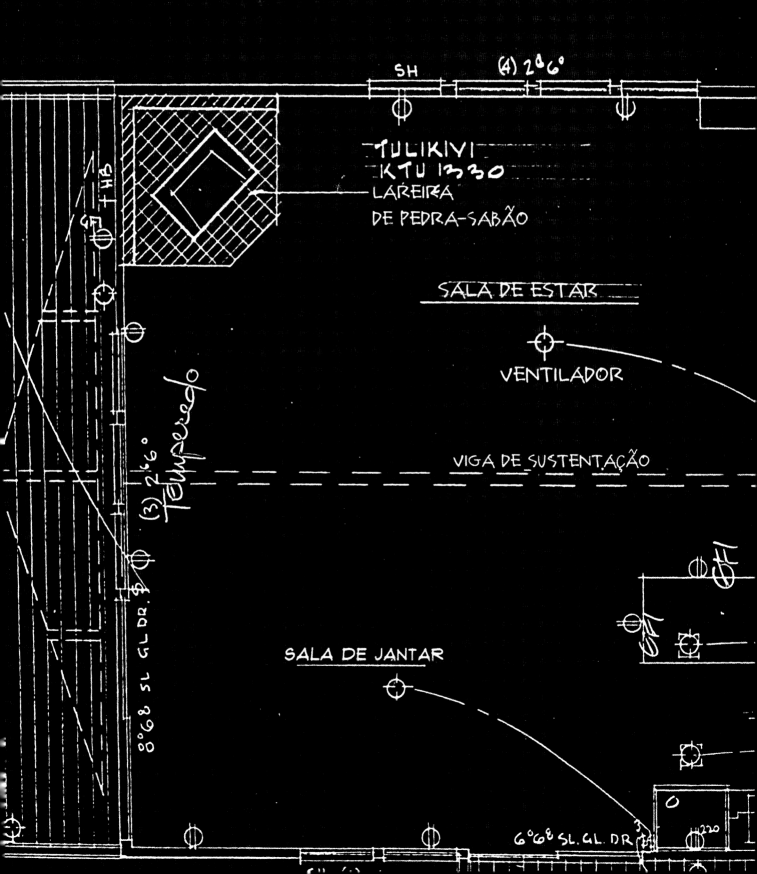

Você já construiu um castelo de areia, uma cidade de blocos de madeira, ou uma tenda feita de cortinas, lençóis e almofadas? Quando usamos diferentes materiais para inventar, construir ou modificar espaços e depois brincar com eles, estamos fazendo **arquitetura**.

 arquitetura está em todo lugar.
Casas, escolas, igrejas, prédios, aeroportos... todos os dias passamos por essas construções sem nem pensar que alguém foi responsável por projetar cada uma delas.

A experiência de imaginar e depois construir prédios e casas se parece com as brincadeiras de construir das crianças:

empilhar blocos de madeira para construir muros e torres, colar palitos de picolé para criar estruturas interessantes, modelar com massinha ou até mesmo dobrar folhas de papel para criar formas tridimensionais.

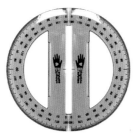 trabalho do arquiteto não é fácil...

Para construir estruturas e espaços inteligentes, duráveis e úteis, os arquitetos precisam planejar, calcular e desenhar cuidadosamente, assim como conhecer profundamente materiais, estruturas e processos de construção.

Esses profissionais precisam entender as pessoas e suas necessidades, e também compreender como forças da natureza interagem com as construções: os tipos de solo, os efeitos da erosão, a posição do sol, e em alguns casos, até mesmo a força dos ventos!

Além disso, os arquitetos também precisam colaborar com diversos profissionais.

O ARQUITETO

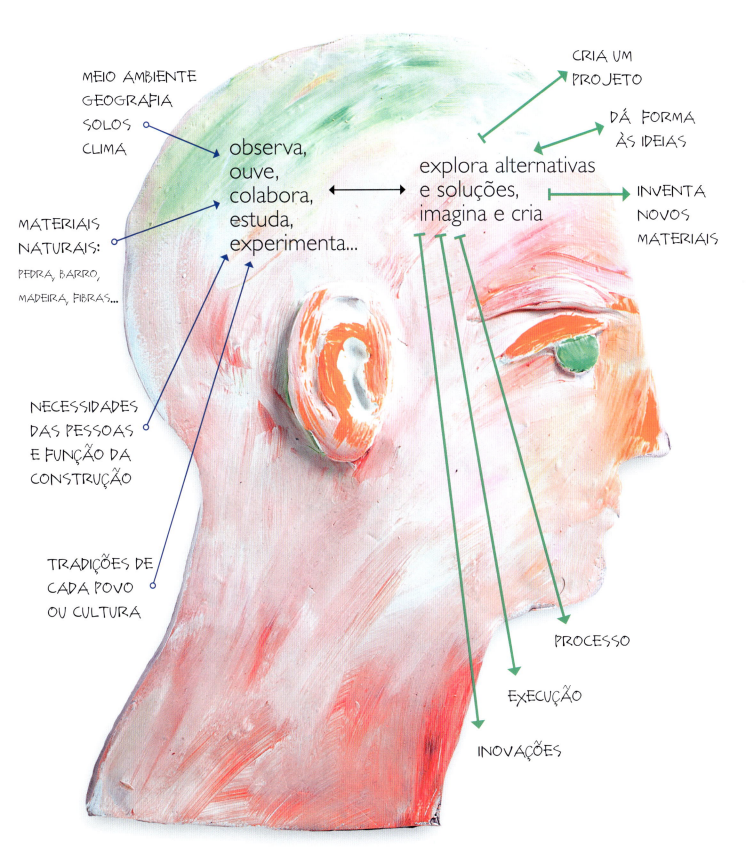

arquitetura faz parte da cultura.

Cultura é o conjunto de tudo o que as pessoas fazem quando vivem juntas: os costumes, as artes, a linguagem, a religião, os valores coletivos... Enfim, é o modo de viver e conviver que caracteriza um grupo ou uma sociedade.

Cada cultura cria moradias, construções e cidades diferentes. A forma, os materiais utilizados, os processos de construção, a divisão dos cômodos de uma habitação e até mesmo as cores são expressões da cultura única de cada povo.

Portanto, podemos aprender muito sobre qualquer povo e sua cultura quando conhecemos suas construções e moradias. Podemos entender como vivem em família, observando suas casas. Podemos entender como vivem em sociedade, estudando os seus prédios públicos, como igrejas, estádios e centros políticos, e também observando como suas cidades são organizadas.

Capítulo 2:
Um lugar para morar

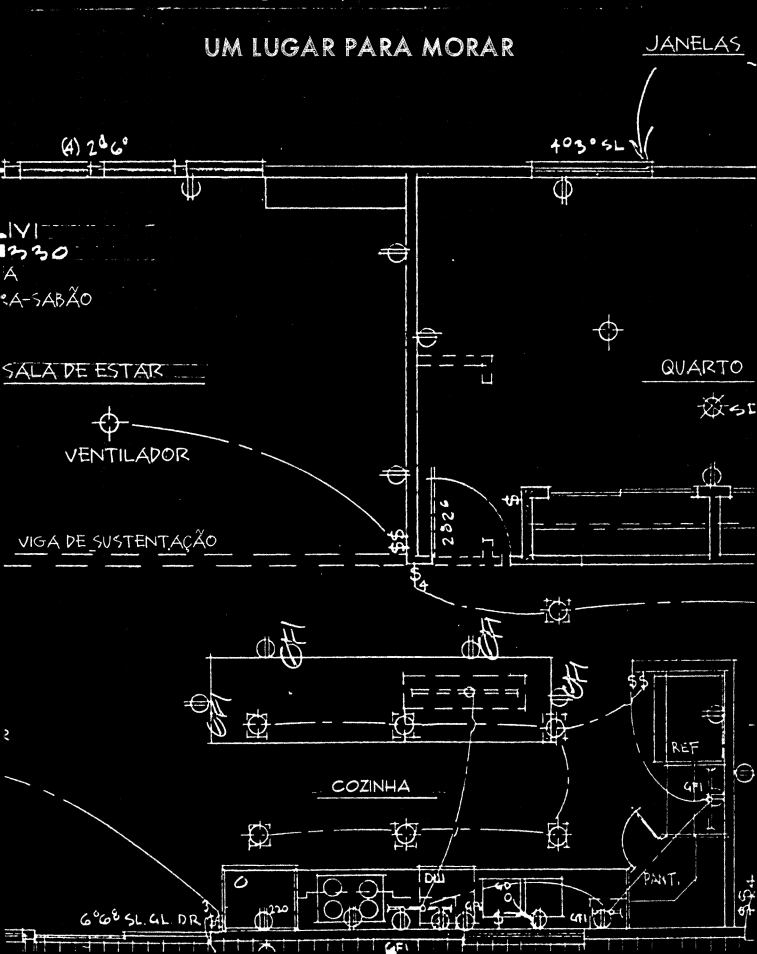

A arquitetura começou provavelmente quando o homem fez sua primeira moradia. Uma **moradia** ou **habitação** é o lugar onde as pessoas podem viver protegidas das chuvas e tempestades, do sol forte, dos ventos e de animais selvagens ou indesejados.
É também onde as pessoas podem ter privacidade.

TENDAS USADAS PELOS POVOS PIGMEUS DA ÁFRICA PARA ACAMPAR EM FLORESTAS

Existem muitos tipos de moradias.

Algumas são projetadas e construídas por arquitetos ou engenheiros. Outras são feitas por "não arquitetos", ou seja, pessoas sem formação profissional ou acadêmica em arquitetura, mas que aprenderam a construir com alguém de sua comunidade. Podem ser construídas coletivamente, com muita gente ajudando, como esta oca indígena.

Em algumas metrópoles, as populações mais carentes constroem suas casas com materiais que encontram pelas ruas e terrenos baldios, como sucata, pedaços de metal ou madeira, e até mesmo latas, pneus e pedaços de papelão. Muitas casas nas favelas da Índia, da África e do Brasil são construídas assim.

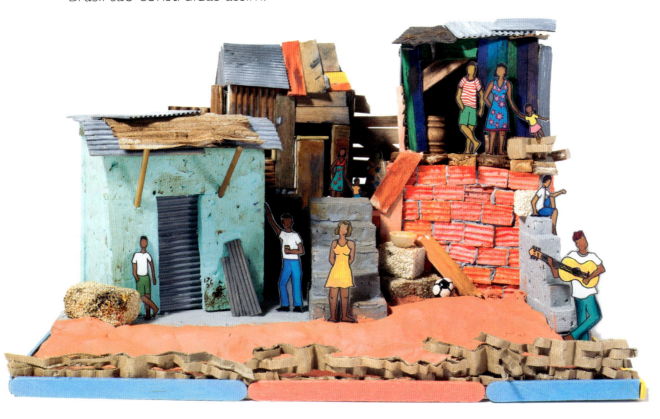

FRONTEIRA DA TAILÂNDIA COM MIANMAR (BURMA)

O clima também é importante. Casas em países tropicais tendem a ser bem ventiladas para não esquentarem demais, como estas casas na fronteira da Tailândia com Mianmar (Burma). Elas têm as paredes de bambu, um material facilmente encontrado nesses países, e foram projetadas por estudantes de arquitetura para abrigar crianças órfãs.

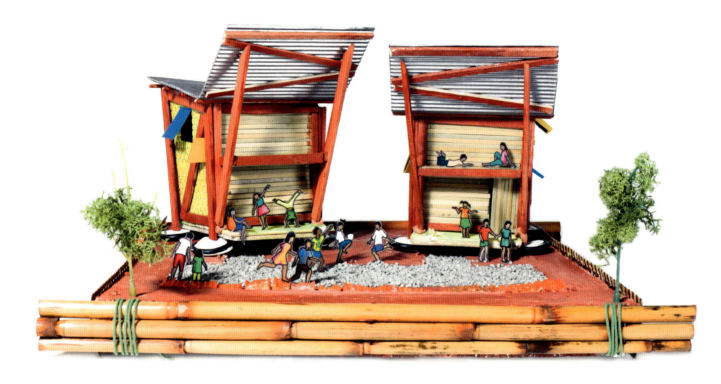

Já as casas construídas em lugares de clima frio precisam manter o calor para aquecer os moradores. Para isso, as paredes precisam ser mais grossas ou ter isolamento térmico. A inclinação do telhado está muito relacionada ao clima: ela serve para que a neve escorregue e caia, em vez de acumular por cima do telhado. Se o telhado fosse plano, a pesada neve acumularia mais facilmente e seu peso poderia fazer o telhado cair!

A geografia e o tipo de solo também influenciam o tipo de construção. Muitas vezes, casas na beira de rios são construídas sobre estacas de madeira para não serem alagadas ou carregadas pela correnteza quando esses rios sobem. Aqui no Brasil, elas são chamadas de **palafita**. Esse tipo de construção suspensa também existe em muitos outros lugares do mundo.

MATMATA, TUNÍSIA

Na Tunísia, não existe o perigo de alagamento, pois o clima de lá é muito seco. Em vez de palafitas, as moradias de algumas cidades foram construídas em buracos escavados abaixo da superfície, como na cidade de Matmata. Quando os moradores precisam de mais um quarto, basta cavar mais um buraco. Só é preciso ter cuidado para não cavar um buraco e, sem querer, parar dentro da casa do vizinho!

SASSI DI MATERA, ITÁLIA

Talvez as moradias e construções mais antigas tenham sido escavadas em pedras. Várias delas estão em regiões próximas ao mar Mediterrâneo e ainda são habitadas! Outros tipos de construções são feitas empilhando-se pedras umas sobre as outras. Assim foram construídas as Pirâmides do Egito.

As casas em Sassi di Matera, na Itália, foram escavadas na pedra.

TOGO, ÁFRICA

Outro material usado por milhares de anos é o barro ou argila. Moradias feitas de barro são encontradas em todos os continentes. Elas variam de forma e tamanho. Como o barro é um material muito maleável, muitas construções têm formatos mais orgânicos e arredondados, como as casas de Togo, na África.

O barro também pode ser moldado e assado em fornos quentes, produzindo, assim, os tijolos.

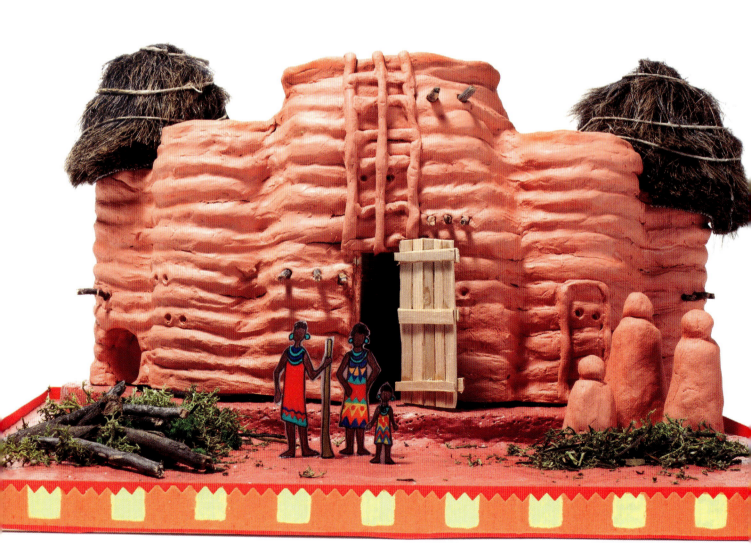

Na natureza, alguns animais fazem casas de barro, como as vespas, os cupins e o joão-de-barro. Será que podemos chamá-los de arquitetos também?

Todas as espécies de animais que existem hoje em dia são, na verdade, o resultado de milhões de anos de evolução. Cada espécie continuamente tentando se adaptar ao meio ambiente em que vive, da melhor maneira possível. Suas casas também foram evoluindo ao longo de milhões de anos, por meio de tentativas e erros. Algumas tentativas deram certo, muitas deram errado, e o que vemos hoje é a soma das que deram certo. Isso resultou na enorme diversidade de espécies que vemos por aí, cada uma com suas respectivas casas. E o que nos parece estável e constante, como a casa do joão-de-barro, ou das vespas, na verdade também está mudando ao longo do tempo, só que durante várias gerações – muito lentamente para a nossa percepção.

É maravilhoso notar a beleza e a variedade de construções das diferentes espécies de animais! Não são apenas casas de barro: os animais constroem com vários materiais e métodos, e criam casas de formas fascinantes. Pense nas colmeias, nos ninhos de pássaros, nas casas de papel de certas vespas...

A evolução da arquitetura humana é bem mais rápida que a dos outros animais. Em menos de 30 mil anos, as moradias humanas passaram de cavernas e tendas a arranha-céus e prédios inteligentes de alta tecnologia. Também há uma considerável diferença na variedade de construções, pois certamente nenhuma outra espécie constrói tantos tipos diferentes de casas quanto os seres humanos.

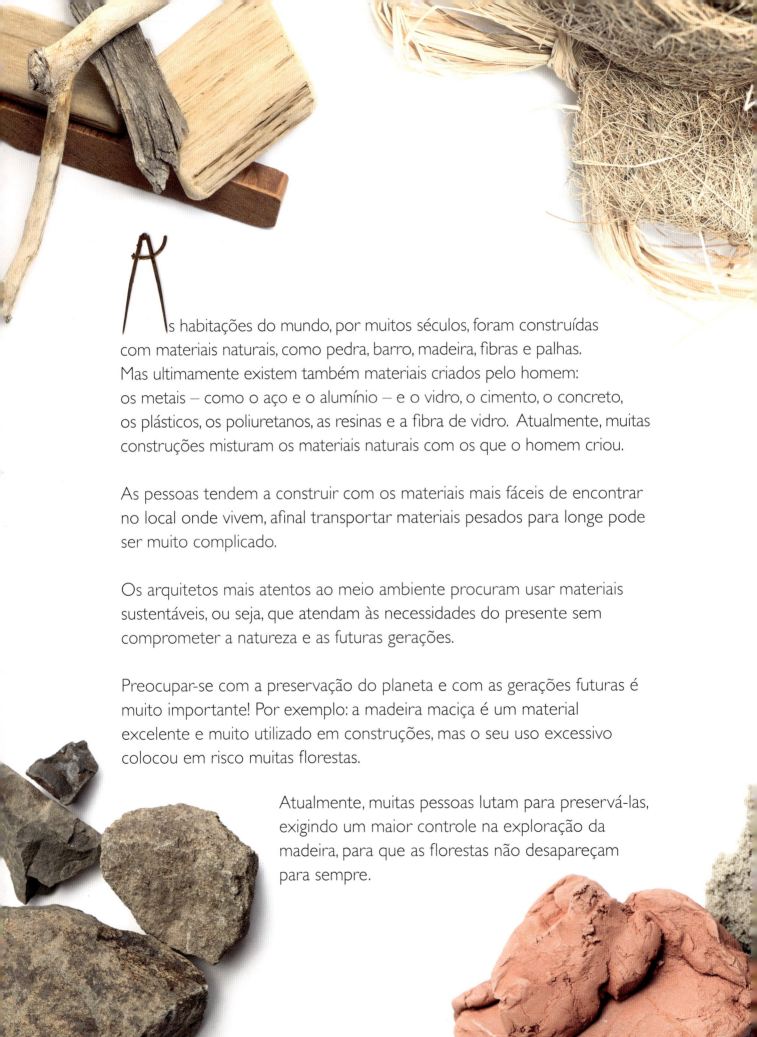

As habitações do mundo, por muitos séculos, foram construídas com materiais naturais, como pedra, barro, madeira, fibras e palhas. Mas ultimamente existem também materiais criados pelo homem: os metais – como o aço e o alumínio – e o vidro, o cimento, o concreto, os plásticos, os poliuretanos, as resinas e a fibra de vidro. Atualmente, muitas construções misturam os materiais naturais com os que o homem criou.

As pessoas tendem a construir com os materiais mais fáceis de encontrar no local onde vivem, afinal transportar materiais pesados para longe pode ser muito complicado.

Os arquitetos mais atentos ao meio ambiente procuram usar materiais sustentáveis, ou seja, que atendam às necessidades do presente sem comprometer a natureza e as futuras gerações.

Preocupar-se com a preservação do planeta e com as gerações futuras é muito importante! Por exemplo: a madeira maciça é um material excelente e muito utilizado em construções, mas o seu uso excessivo colocou em risco muitas florestas.

Atualmente, muitas pessoas lutam para preservá-las, exigindo um maior controle na exploração da madeira, para que as florestas não desapareçam para sempre.

Capítulo 3:

A CASA E O CORPO

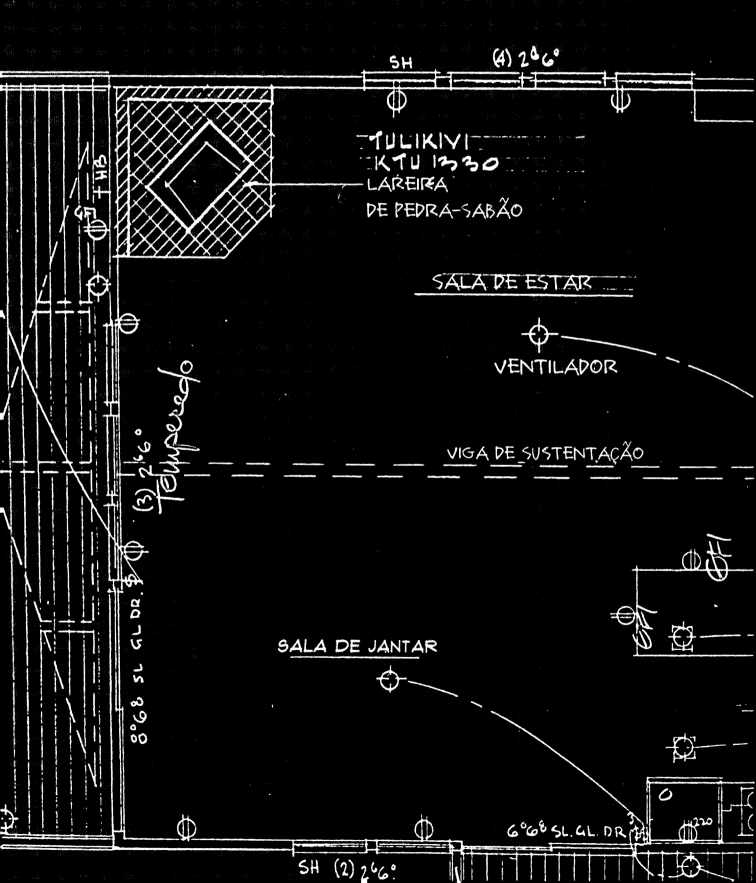

Assim como o nosso corpo precisa dos ossos para ficar de pé, a casa precisa de uma estrutura que a sustente.

A pele que cobre o nosso corpo tem uma função parecida com a das paredes de uma casa. A casa, assim como nós, também precisa respirar. No corpo humano, o ar entra e sai pelo nariz e pela boca; a casa precisa de portas e janelas, para que o ar circule.
As janelas são também os olhos da casa: através delas podemos ver o mundo lá fora.

Nosso corpo produz e gasta energia. Uma casa também precisa de energia, por exemplo a energia elétrica. E também pode produzir energia solar, que pode ser captada por painéis no telhado.

Quando nos alimentamos, nosso sistema digestório processa a comida e a bebida, usa os nutrientes e elimina o que não serve. Em uma casa, o sistema de esgoto garante a saída de detritos indesejáveis, enquanto água limpa entra pelo encanamento, ou por coleta em cisternas.

O corpo humano também regula sua própria temperatura. Modernos sistemas de ar condicionado e aquecimento podem regular a temperatura das casas quando o clima fica quente ou frio demais. Materiais e técnicas de construção especiais podem também facilitar o controle da temperatura em uma casa. Até mesmo uma lareira serve como fonte de calor em uma casa durante o tempo frio.

Uma casa moderna possui também uma espécie de sistema nervoso, que são os sistemas de comunicação, como a internet e o telefone, e os sistemas de alarme e segurança.

Um bom arquiteto tem de pensar em tudo isso quando faz um projeto.

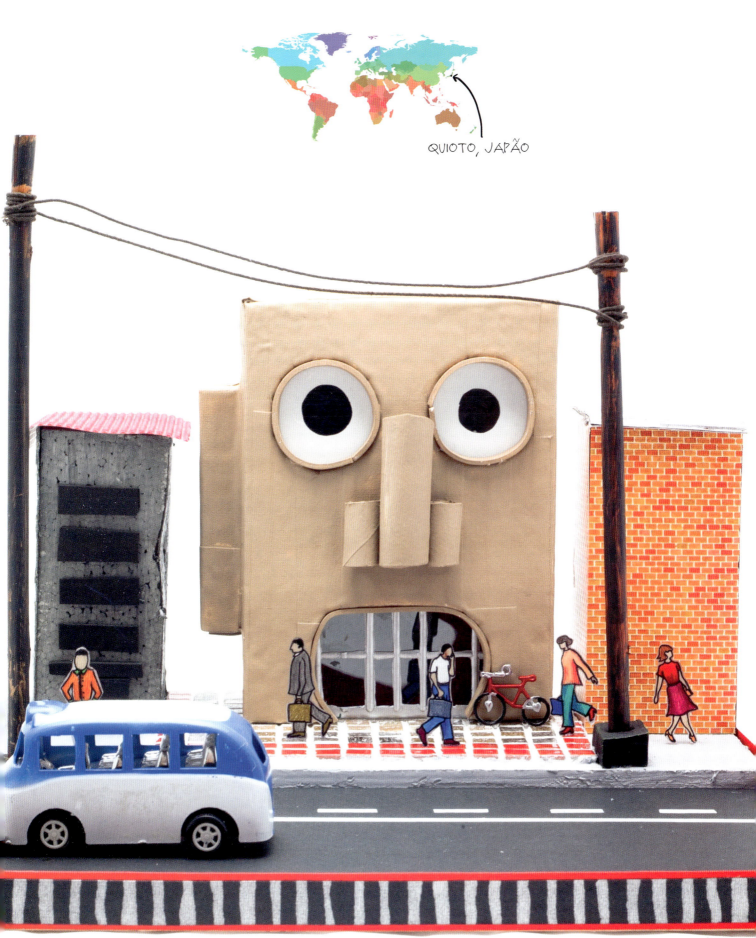

QUIOTO, JAPÃO

FACE HOUSE, PROJETO DO ARQUITETO KAZUMASA YAMASHITA, QUIOTO, JAPÃO.

A arquitetura cuida também dos espaços interiores de uma moradia. Arquitetos procuram pensar nas necessidades dos moradores em todos os detalhes.

De quais tipos de espaços
eles vão precisar?
Como vão se movimentar para ir
de um cômodo para o outro?
De quanta privacidade vão precisar
em cada cômodo da casa?
Onde vão guardar roupas,
livros ou utensílios de cozinha?

A maneira como uma moradia
é dividida muitas vezes revela
aspectos interessantes
da vida dos moradores.

Por exemplo, quase todas
as moradias em grandes
cidades são divididas em
compartimentos separados:
quartos para dormir, sala de estar,
cozinha, banheiro, área de serviço...

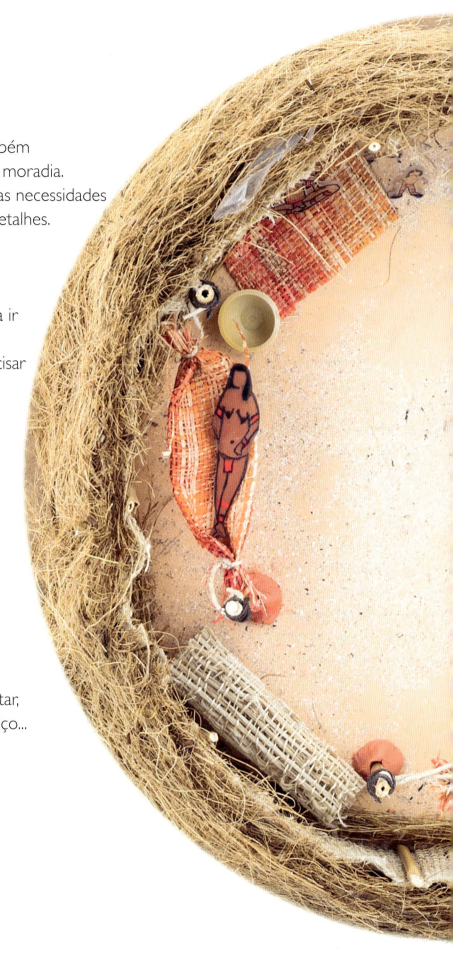

AMAZÔNIA, BRASIL

Já as ocas indígenas são,
em geral, circulares.
Algumas têm uma área central
sem teto, aberta para o céu,
que todos usam coletivamente
para brincar,
fazer comida e artesanato,
conversar e conviver.
Em volta dessa área central fica
a parte coberta com teto de palha,
onde os índios podem dormir
em suas redes
e se abrigar da chuva ou do sol forte.

A única parede da oca
é a que a separa da floresta.
O espaço interior é aberto e sem divisões,
dando a sensação de uma vida social mais coletiva
e menos individualista.

Como seria a sua vida se você morasse numa casa assim?

ssim como nosso corpo muda com o passar dos anos, as construções também mudam durante seu tempo de vida. Apesar de parecerem permanentes, as construções respiram, respondem ao meio ambiente, interagem com seus habitantes e se transformam.

A torre de Pisa começou a inclinar durante sua construção, no ano 1173. Continuou se inclinando cada vez mais até recentemente, no início do século XXI, quando finalmente parece ter se estabilizado com a ajuda de engenheiros e arquitetos. E ficou meio caidinha para o lado até hoje.

s ocupantes de uma moradia também podem modificá-la: mudam a fachada, as cores, a divisão interna de cômodos e até mesmo as janelas, portas e paredes!

Assim, conjuntos residenciais com casinhas todas iguais vão, aos poucos, se modificando de acordo como o gosto de cada morador: um faz mais um quarto, outro adiciona uma janela, outro pinta a casa de outra cor e acrescenta uma varanda... Apesar de terem sido contruídas todas iguais, depois de alguns anos cada casa passa a ter a sua "cara própria".

A arquitetura também é linguagem.

Os castelos medievais foram construídos para proteger seus habitantes durante invasões e guerras. Os fortes muros de pedra, com janelas bem pequenas, protegiam o castelo de ataques inimigos. Do alto das torres, soldados podiam ver os adversários se aproximando ao longe. No topo dos muros, podiam disparar suas flechas, lanças e pedras durante batalhas.

A aparência imponente do castelo está dizendo: "Não se atreva a me atacar! Olhe bem para mim: sou muito mais forte e poderoso do que você! Veja como sou praticamente invencível!".

O castelo medieval comunica a ideia de poder e força usando a linguagem da arquitetura. Outros palácios falam de amor eterno...

O Taj Mahal foi construído no século XVII pelo imperador Shah Jahan para sua esposa Mumtaz Mahal. Eles se conheceram quando eram adolescentes: foi amor à primeira vista. Casaram-se e passaram muitos anos juntos e felizes. Tiveram muitos filhos, mas, tristemente, Mumtaz Mahal morreu durante o parto de seu décimo quarto filho. Em seus últimos momentos juntos, o imperador prometeu a ela que construiria o mais lindo palácio em sua homenagem.

A construção levou 22 anos, e hoje o Taj Mahal é considerado uma das sete maravilhas do mundo. Sua cor clara, suas formas harmônicas, leves e arrendondadas parecem flutuar no ar e expressar a grandeza e a beleza de um grande amor.

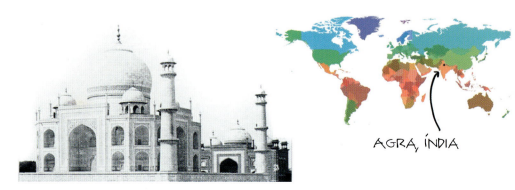

AGRA, ÍNDIA

CAPÍTULO 4:

OS OSSOS, AS ESTRUTURAS

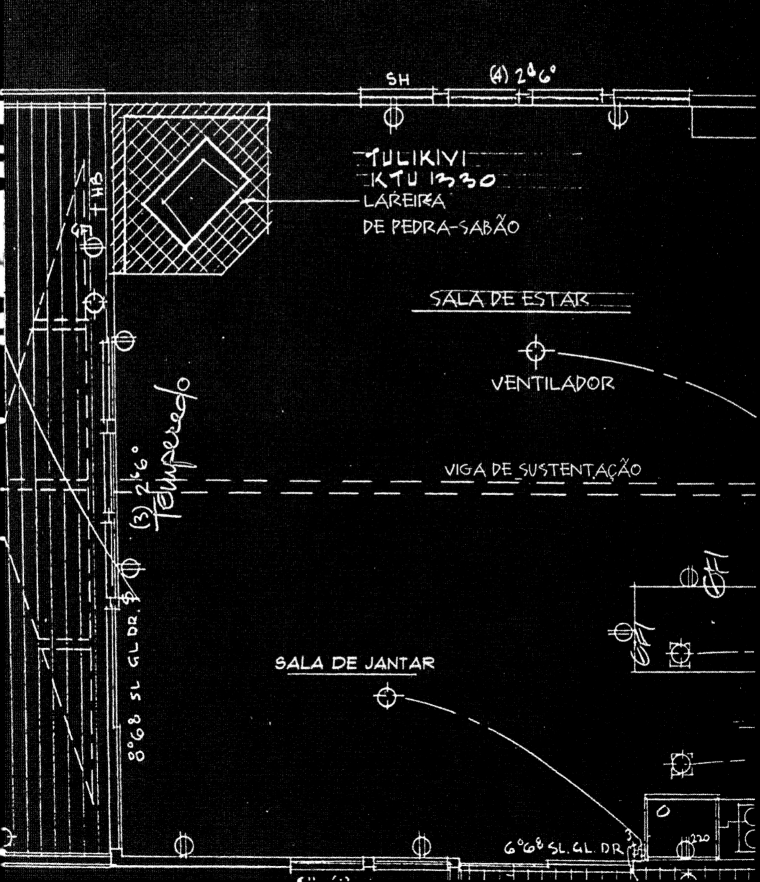

Mas houve um tempo em que ainda não existiam casas.

Há cerca de trinta mil anos, as famílias pré-históricas ainda não sabiam plantar e colher, nem domesticar animais. Viviam da coleta de frutos e da caça. Por isso eram **nômades**, ou seja, viviam se mudando de um lugar para outro, sempre à procura de alimentos.

Essas famílias não moravam em casas. Dormiam debaixo das estrelas, ficavam molhados quando chovia, suavam debaixo do sol quente. Às vezes se abrigavam em cavernas.

Com o tempo, passaram a construir tendas improvisadas nos locais por onde passavam. Para fazer uma tenda, era preciso pouca coisa: galhos para montar uma estrutura e peles de animais ou palhas para cobri-la. Às vezes, pedras ou tocos eram utilizados para prender as peles no chão.

A estrutura era muito importante: tinha de ser bem firme, senão a tenda poderia desabar.

Quando o homem aprendeu a plantar, a colher e a domesticar animais, ele passou a se fixar em um só local. Com isso, ele pôde criar estruturas maiores e mais duráveis. Sua casa não era mais uma caverna ou uma tenda. Ele agora podia viver com mais conforto numa moradia maior, com portas, janelas, talvez ter até mesmo um lugar para fazer fogo, estocar alimentos e cozinhar.

Milhares de anos se passaram...

Com o tempo, os homens foram experimentando estruturas diferentes e aprendendo o que funcionava e o que não funcionava...

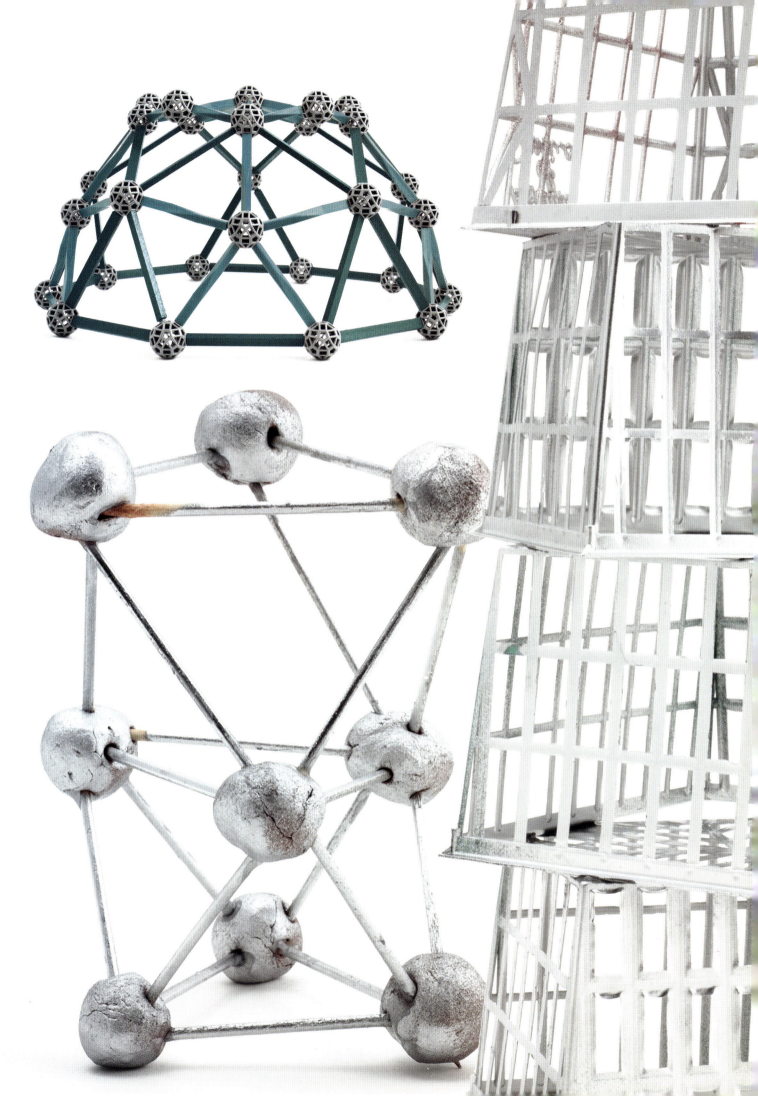

s modernas construções de hoje em dia também têm uma **estrutura**. A estrutura de uma tenda, casa ou qualquer outro tipo de prédio é muito importante: se ela não for bem-feita, a construção inteira pode desabar.

Uma estrutura sólida se estende por muitos metros debaixo da terra. Essa parte se chama **fundação**. Fica subterrânea e por isso não a vemos. A função da fundação é fixar a construção no solo.

As estruturas buscam vencer a força da gravidade. As construções devem ser altas o suficiente para que abriguem muitas pessoas e seus pertences e também ser estáveis, para que não balancem nem caiam. São necessários muitos cálculos complicados para se criar uma estrutura sólida e durável para qualquer tipo de construção. Engenheiros e arquitetos fazem esses cálculos quando projetam a estrutura das construções.

Os princípios que governam as estruturas não mudam com o passar dos anos ou até mesmo com o passar dos séculos, pois se baseiam nas leis da física e da natureza, como a lei da gravidade. E as leis da natureza não mudam nunca!

Mas as técnicas e os materiais de construção mudam, permitindo que se criem estruturas cada vez mais interessantes e complexas.

CAPÍTULO 5:
DESDE QUE O MUNDO É MUNDO

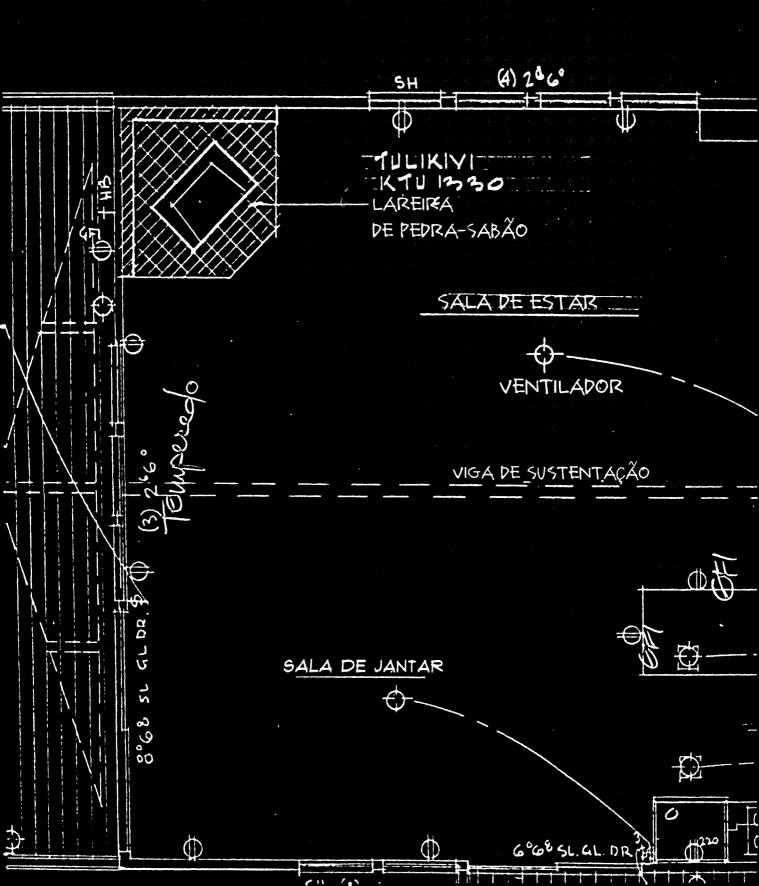

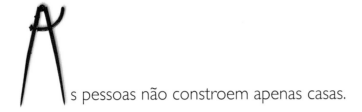s pessoas não constroem apenas casas.

Quando as famílias deixaram de ser nômades e passaram a se fixar num lugar só, os primeiros vilarejos se formaram. Com o tempo, foram crescendo e apareceram as primeiras cidades. Essas cidades da Antiguidade foram ficando cada vez mais complexas, não somente porque surgiram muitas casas, mas também por causa de prédios públicos, ruas, praças, pontes, fontes, templos etc.

Os homens daquela época queriam erguer construções que impressionassem pela sua grandeza. Para isso, era necessário muito mais planejamento do que para se fazer uma casa:

era preciso imaginação, conhecimento de materiais e técnicas de construção, capacidade de criar um bom projeto, de usar a matemática de forma inteligente e também de saber comunicar ideias e conceitos arquitetônicos a outras pessoas.

A arquitetura começou a florescer de verdade na época das primeiras grandes civilizações da Antiguidade. Nessa época, as sociedades estavam mais organizadas e complexas, surgindo, com isso, a divisão do trabalho, ou seja, cada grupo de pessoas começou a se especializar em um tipo de trabalho diferente.

E, então, apareceram os primeiros arquitetos.

Imhotep foi um dos primeiros arquitetos de que se tem notícia. Ele viveu e trabalhou no Egito, nos anos 2650-2600 a.C., ou seja, mais ou menos 4 mil anos atrás!

Ele foi o arquiteto da primeira pirâmide.

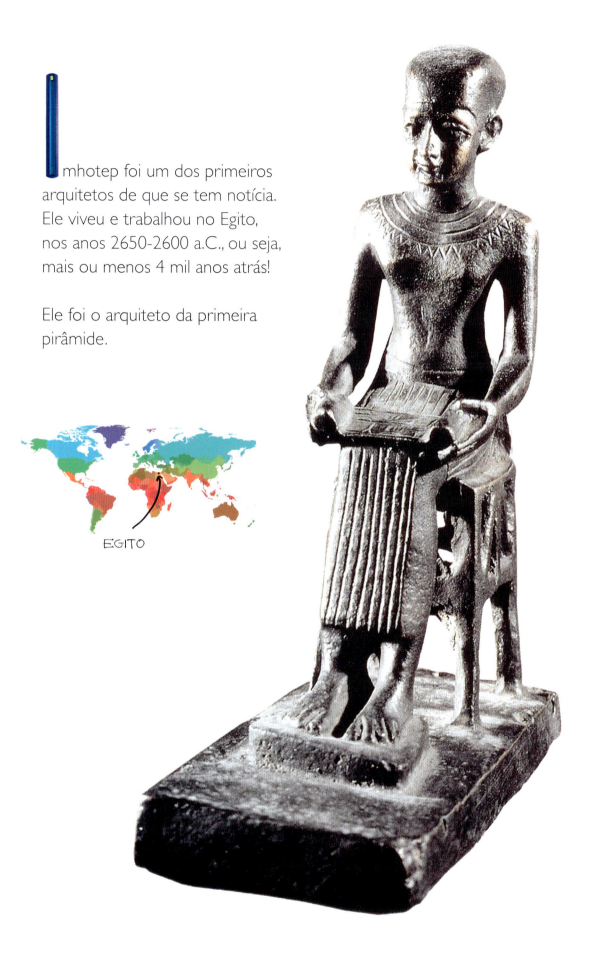

EGITO

As pessoas daquele tempo logo inventaram uma maneira de construir uma estrutura simples e eficaz: bastavam duas pedras grandes e altas, sustentando uma outra pedra que ficava por cima servindo de viga. Os povos antigos foram aprendendo a trabalhar a pedra e aperfeiçoaram a forma das duas pedras de sustentação. Foi assim que surgiram as colunas.

Grandes colunas sustentando vigas de pedra foram usadas por muitas civilizações antigas, em vários lugares do mundo. Colunas enfileiradas davam estrutura às edificações e também beleza. Escultores e artistas decoravam pedras com relevos e ornamentos, transformando cada coluna em uma verdadeira obra de arte.

Quanto maiores e mais altas as colunas, mais imponente o prédio. No Egito, existe um grande conjunto de templos e pátios feitos de pedra chamado Karnak. Estima-se que o início de sua construção tenha sido em 2200 a.C. Ele tem enormes colunas arranjadas em muitas fileiras, com vigas de até 70 toneladas! Até hoje não se sabe bem como os egípcios conseguiram carregar e montar estruturas tão pesadas, porque guindastes e escavadeiras ainda nem existiam!

A arquitetura da Antiguidade produziu edificações incríveis, que influenciaram a arquitetura por muitos séculos. Muitas delas desapareceram completamente; de outras, só sobraram ruínas. E muitas foram tão bem planejadas e construídas que estão de pé até hoje.

ATENAS, GRÉCIA

Os gregos da Antiguidade cultuavam a beleza e as artes. Gostavam de harmonia e equilíbrio nas formas e nas proporções. Cultuavam muitos deuses e ergueram templos belíssimos para eles. Gostavam de construí-los no alto das colinas, para que fossem vistos por todos e ficassem ainda mais lindos quando iluminados pelo Sol.

Os gregos inventaram três tipos de colunas para seus templos: Dórica, Jônica e Coríntia. As elegantes colunas eram esculpidas na pedra.

Depois, esses tipos de colunas foram usados em várias edificações, em muitos lugares do mundo.

A influência da arquitetura grega foi tão grande, que prédios do mesmo estilo, conhecido como arquitetura clássica, podem ser vistos em várias cidades do mundo inteiro.

Os gregos adoravam geometria. Eles gostavam de usar a proporção áurea, que é uma fórmula matemática usada para dividir um retângulo infinitamente, como uma espiral:

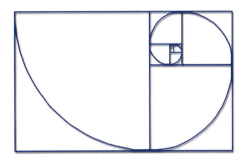

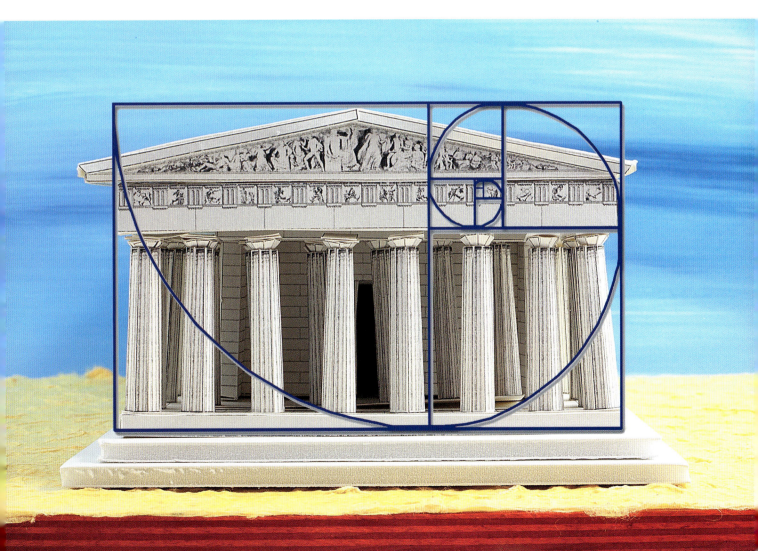

Imagine uma viga por cima de duas colunas. Se o espaço entre as colunas for muito grande a viga superior pode se romper, devido ao seu próprio peso e à ação da força da gravidade. Isso limita o tamanho do vão que se pode ter entre duas colunas.

O arco é uma maneira mais inteligente de se cobrir a distância entre duas colunas de sustentação, pois sua estrutura permite que exista uma distância maior entre as colunas. E além do mais são muito bonitos.

Arcos podem ser arranjados sucessivamente, criando um certo "ritmo", como em uma música. Cada coluna seguida de outra, como notas musicais, e os espaços entre as colunas são como silêncios entre as muitas notas.

O Brasil possui uma estrutura parecida com a dos antigos aquedutos romanos: os arcos da Lapa, construídos no Rio de Janeiro, em 1723. Eles também serviam para levar a água dos rios para a cidade. A partir de 1896, passou a ser utilizado como viaduto para os novos bondes de ferro que levavam e traziam pessoas dos bairros altos para o centro da cidade.

ARCOS DA LAPA ENTRE 1858 E 1861

RIO DE JANEIRO, BRASIL

IMPÉRIO ROMANO NA ANTIGUIDADE

Os romanos antigos se tornariam mestres no uso do arco. Eles criaram belos aquedutos, que são grandes estruturas construídas para transportar água dos rios para as cidades. Os primeiros aquedutos foram construídos há mais ou menos cinco mil anos.

Além de poder aumentar a distância entre duas colunas e ao mesmo tempo sustentar peso, os arcos também cumprem uma função estética, ou seja, são lindos de se ver.

Existem vários tipos de arcos. Eles ganharam nomes diferentes e aparecem na arquitetura de vários países do mundo.

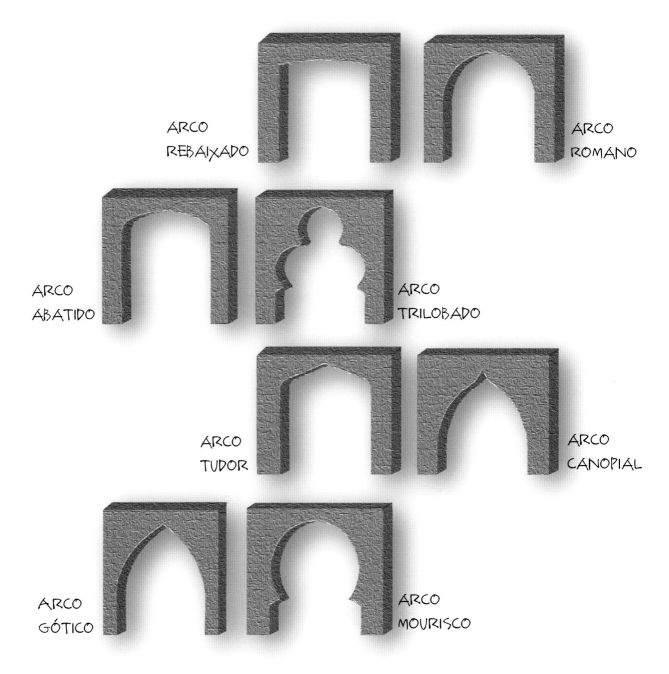

ARCO REBAIXADO

ARCO ROMANO

ARCO ABATIDO

ARCO TRILOBADO

ARCO TUDOR

ARCO CANOPIAL

ARCO GÓTICO

ARCO MOURISCO

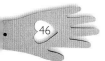

Na Europa, existem muitas catedrais belíssimas construídas no estilo gótico, com arcos pontiagudos, muitas vezes formando lindos espaços altos e abertos.
As catedrais góticas foram construídas durante a Idade Média. Mosaicos de vidro filtram a luz que entra pelas grandes janelas. As paredes são cobertas por belíssimos relevos escavados na pedra, parecendo uma delicada renda.

Suas torres, os arcos e as formas pontiagudas parecem estar querendo subir ao céu. A famosa Notre Dame, em Paris, é uma das mais bonitas catedrais góticas.

PARIS, FRANÇA

EGITO

Nem todas as construções da Antiguidade foram feitas com colunas e arcos. As pirâmides do Egito não têm colunas. Elas impressionam pelo seu tamanho e imponência. Suas formas geométricas simples e precisas parecem imitar as formas das montanhas e conectar o céu com a Terra.

As pirâmides não foram construídas para abrigar pessoas vivas, mas para abrigar os túmulos dos faraós. As medidas das pirâmides são muito exatas, os quatro lados são praticamente iguais. Alguns estudiosos acreditam que, por terem proporções tão perfeitas, as pirâmides foram planejadas cuidadosamente com o uso de avançados conhecimentos de Matemática.

As grandes construções do Antigo Egito sobreviveram por milhares de anos. Passaram por muitos reinados, mudanças de governo, de população e religião. Elas foram saqueadas e parcialmente destruídas. Apesar de terem se modificado tanto com o tempo, grande parte dessas construções ainda está de pé, como um retrato vivo de uma era que aconteceu há milhares de anos.

CAPÍTULO 6:

O CONCRETO E A FORMA

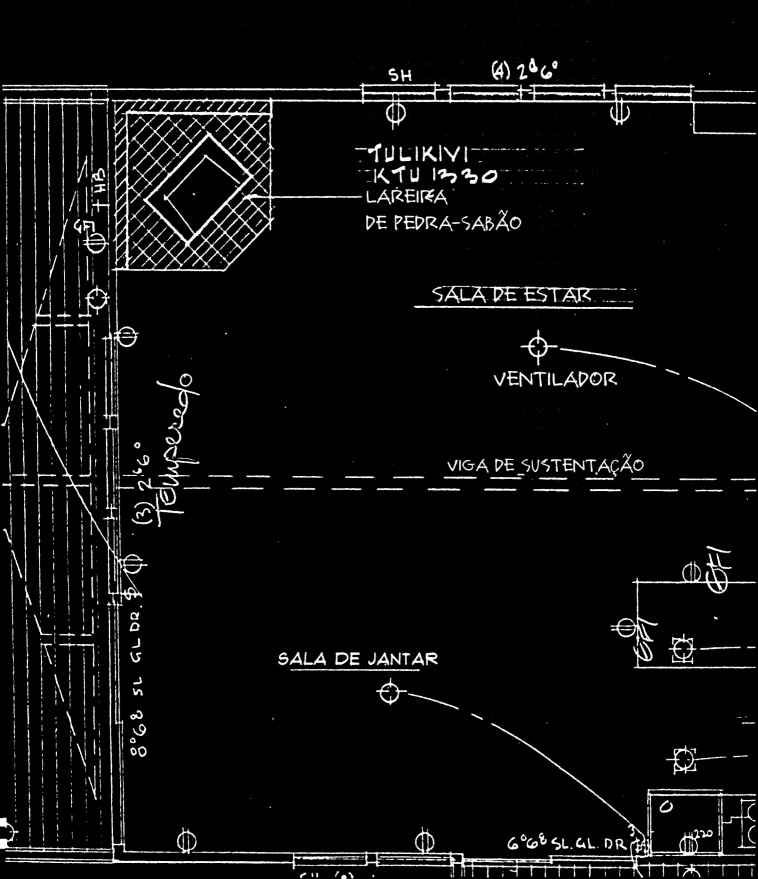

Todo tipo de construção monumental representa um grande esforço de arquitetura e engenharia. A intenção é sempre de erguer prédios enormes e fortes, que durem muito tempo e causem uma forte impressão em quem os vê.

Todas as importantes civilizações do mundo têm edificações grandiosas. De certa maneira, elas têm o poder especial de fazer a vida humana parecer mais grandiosa e significativa.

A pedra foi o material mais usado nessas grandes construções, por ser forte, bonita, durável e abundante. Mas a pedra não é um material maleável, e os arquitetos ficavam limitados às formas que conseguiam criar com ela.

Foi o uso do **concreto** que libertou a imaginação dos arquitetos da Antiguidade. Isso se deu principalmente durante o Império Romano. O concreto é, basicamente, uma massa mole feita da mistura de vários materiais. Ele endurece rapidamente, mas, antes de endurecer, pode ser trabalhado em formas diferentes, até mesmo formas arredondadas, porém tão duras e resistentes quanto a pedra.

ROMA, ITÁLIA

Os romanos foram os verdadeiros mestres no uso do concreto, usando-o de modo extensivo em suas construções. Um dos exemplos mais bonitos da arquitetura romana é o teto em forma redonda do famoso Panteão (Pantheon):

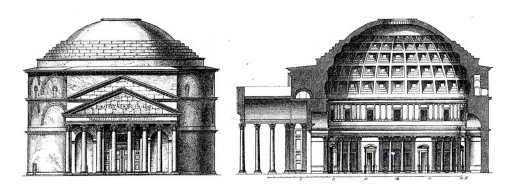

Os romanos também usaram o concreto para construir o Coliseum, aquele famoso anfiteatro onde os gladiadores enfrentavam leões ferozes. Mais ou menos em 500 d.C., o concreto parou de ser usado e ficou praticamente desconhecido no mundo todo. Só foi redescoberto muitos séculos depois.

Ultimamente, o concreto é muito usado em todo tipo de construção: casas, escolas, universidades, museus, aeroportos, arranha-céus, pontes, reservatórios de água, estacionamentos, estradas, viadutos etc.

A arquitetura e a engenharia modernas descobriram maneiras de tornar o concreto ainda mais forte: o concreto pode ser reforçado com uma armação de aço por dentro, ao qual foi dado o nome de "concreto armado".

CONCRETO ARMADO:

A MASSA DE CONCRETO É COLOCADA EM UMA FORMA COM UMA ARMAÇÃO DE AÇO DENTRO.

DEPOIS DE SECO, O CONCRETO É RETIRADO DA FORMA. A ARMAÇÃO DE AÇO FICA POR DENTRO, REFORÇANDO O CONCRETO.

SÃO PAULO, BRASIL

Em 1957, em São Paulo, foi iniciada a construção da nova sede do Museu de Arte de São Paulo, o MASP. Ela foi inaugurada em 1968. O projeto arquitetônico foi da arquiteta Lina Bo Bardi. Ela idealizou o museu como um grande volume suspenso no ar, sustentado apenas por quatro colunas. Entre as colunas, um amplo espaço de 74 metros, livre e aberto. Era, na época, o maior vão livre do mundo!

O vão livre permite enxergar de um lado a outro da cidade, sem interrupção da vista. É também um ótimo espaço para *shows*, atos políticos e reuniões informais da população.

CONCRETO SIMPLES:

UMA VIGA DE CONCRETO SIMPLES PODE SE ROMPER QUANDO COBRE GRANDES DISTÂNCIAS.

O MASP foi feito de concreto reforçado por um sistema especial de cabos de aço, chamado de "concreto protendido". Se sua estrutura fosse feita de pedra, argila ou madeira, o museu com certeza desabaria. Mas o concreto protendido tornou possível a criação de um vão livre realmente espetacular.

CABOS DE AÇO SÃO COLOCADOS DENTRO DA PEÇA DE CONCRETO DURANTE A CONCRETAGEM (QUANDO O CONCRETO ESTÁ AINDA MOLE). OS CABOS SÃO ESTICADOS COM MACACOS HIDRÁULICOS.

DURANTE OU APÓS A SECAGEM, OS MACACOS HIDRÁULICOS SÃO RETIRADOS, E OS CABOS DE AÇO PASSAM A COMPRIMIR O CONCRETO.

O PRINCÍPIO É O MESMO UTILIZADO PARA SE CARREGAR UMA QUANTIDADE GRANDE DE LIVROS: COMPRIME-SE A FILEIRA, E OS LIVROS PERMANECEM GRUDADOS UNS AOS OUTROS E NÃO CAEM.

NOVA YORK, ESTADOS UNIDOS

Atualmente, o concreto é usado em muitos prédios incríveis, em vários lugares do mundo. Um deles é o Museu Solomon R. Guggenheim, em Nova York. Ele foi projetado pelo famoso arquiteto americano Frank Lloyd Wright e ficou pronto em 1959.

Veja que formas circulares incríveis! Parece até uma nave espacial.

CAPÍTULO 7:

TEMPOS MODERNOS

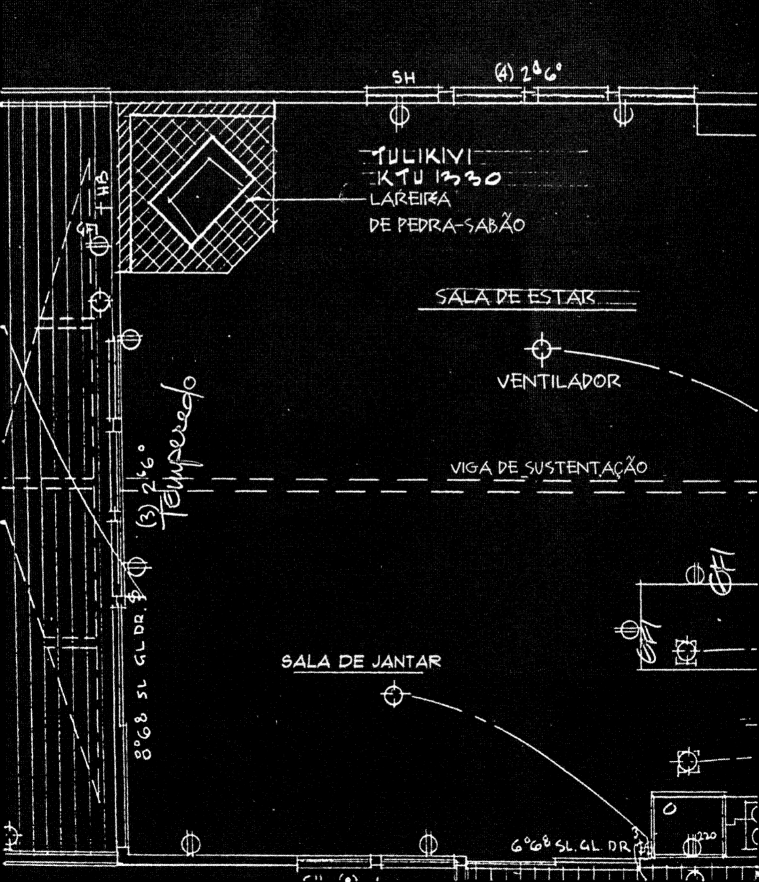

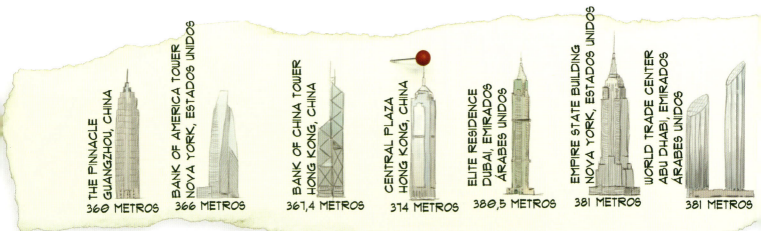

A humanidade tem um desejo enorme de desafiar a gravidade construindo prédios cada vez mais altos.

Para desafiar a gravidade, são necessárias tecnologias de construção bastante refinadas e cálculos complicados de matemática. Até mesmo o efeito da força dos ventos em um edifício tem que ser calculada! Em vários lugares do mundo, engenheiros e arquitetos colaboram em projetos ambiciosos para construir arranha-céus. Um deles é o Burj Khalifa, em Dubai. Ele tem 163 andares, foi construído entre 2004 e 2009 e custou um bilhão e meio de dólares.

Hoje em dia, toda grande metrópole tem os seus arranha-céus. Algumas parecem até competir para ver qual tem os prédios mais altos.

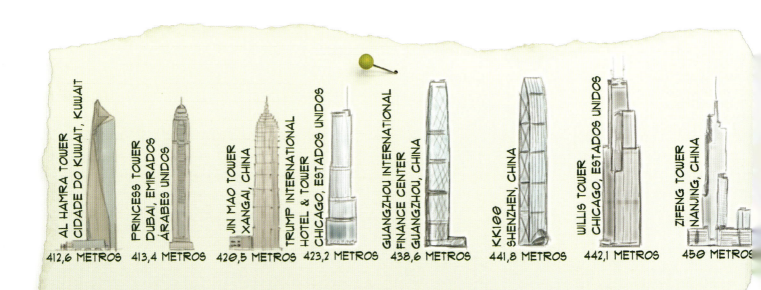

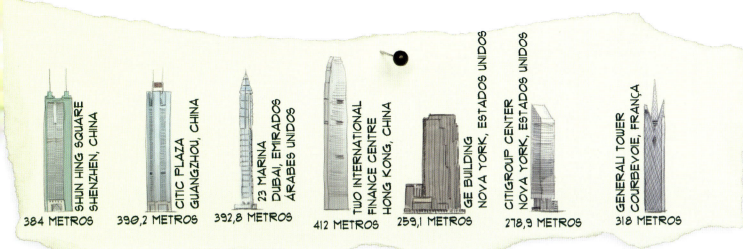

De onde vem esse desejo de chegar tão alto? Talvez a resposta esteja no fato de que os arranha-céus transmitem a ideia de poder. Custam caríssimo, são feitos com materiais sofisticados e podem ser vistos de muito longe por milhares pessoas. E, além do mais, representam uma conquista humana, vencendo a força da gravidade por meio da arquitetura e da engenharia.

Mas os arranha-céus também apresentam problemas difíceis de resolver: alto consumo de energia, necessidade maior de controlar a temperatura interna – afinal, todos os lados de um arranha-céu estão sempre expostos ao sol e ao vento –, prevenção de incêndios, saídas de emergência, funcionamento de elevadores... E como lavar tantas janelas?

NITERÓI, BRASIL
MUSEU DE ARTE CONTEMPORÂNEA (MAC)
PROJETO DE OSCAR NIEMEYER

Mas nem só de arranha-céus vive o homem moderno.

No século XX, muitas construções procuraram refletir uma nova visão do homem e da sociedade. Materiais industriais, como o aço, o vidro, o concreto armado e o protendido foram misturados a materiais tradicionais, como a pedra e a madeira, para criar construções e moradias sofisticadas. E assim surgiu a arquitetura chamada de moderna ou modernista.

Os modernistas gostavam de dizer que "menos é mais", ou seja, preferiam formas mais geométricas, limpas e minimalistas às formas complicadas, com muitos ornamentos e com muitos detalhes superficiais. Também diziam que "a forma segue a função", ou seja, o arquiteto deve pensar primeiro na função e utilidade, para então criar uma forma que melhor desempenhe aquela função.

A arquitetura moderna foi muito importante no Brasil. Os arquitetos Oscar Niemeyer e Lúcio Costa são conhecidos no mundo inteiro, responsáveis por muitos projetos importantes da arquitetura modernista brasileira. Juntos, eles projetaram a cidade de Brasília, um exemplo de cidade planejada de acordo com os ideais modernistas.

Além de Oscar Niemeyer e Lúcio Costa, muitos arquitetos brasileiros criaram importantes obras modernistas, como Lina Bo Bardi, João Batista Vilanova Artigas, Paulo Mendes da Rocha e Ruy Ohtake, entre muitos outros.

A arquitetura moderna é o resultado de milhares de anos em que os homens exploraram várias técnicas de construção e engenharia, materiais, novas ideias e formas. O uso do computador facilitou o desenvolvimento de projetos com formas mais livres, como o Museu Guggenheim Bilbao, na Espanha.

BILBAO, ESPANHA

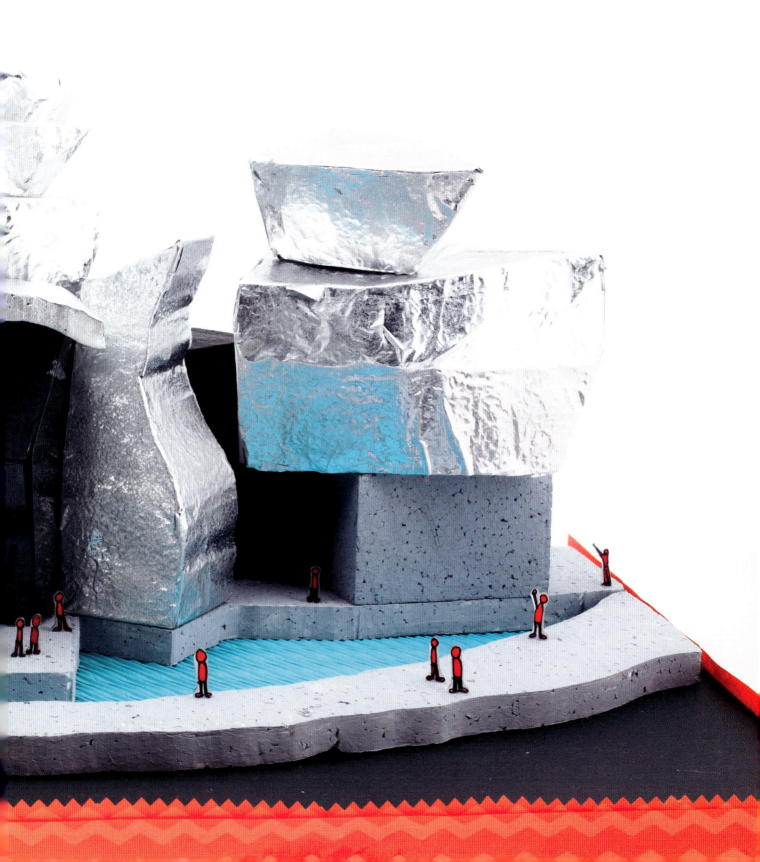

Tudo o que existe em uma cidade foi pensado e projetado por alguém: a largura das ruas e das calçadas, o local de plantio das árvores, a altura dos prédios e das casas, as praças, a distância entre os prédios, o tamanho dos terrenos...

O planejamento das áreas urbanas é feito coletivamente por arquitetos, engenheiros, moradores, governantes (que criam as diversas regras e leis para construção nas cidades), e até mesmo historiadores, sociólogos e representantes de comunidades.

O urbanismo é a parte da arquitetura que se dedica ao estudo das cidades e do meio ambiente urbano, ou seja, ambientes criados pelos homens, e não pela natureza.

As cidades surgem onde existe uma vantagem natural, por exemplo, à margem de rios ou em um vale protegido por montanhas. Algumas cidades são planejadas por arquitetos, outras são construídas espontaneamente ao longo do tempo, pelos seus moradores.

Elas mudam constantemente por diversos motivos: pelas forças da natureza, por causa de novas tecnologias, novos meios de transporte e de comunicação. Por exemplo, no tempo em que todos andavam a pé ou a cavalo, as cidades eram diferentes: as ruas eram mais estreitas e não havia estacionamentos ou sinais de trânsito. Com a invenção do automóvel, as cidades mudaram totalmente: as ruas são mais largas e sinalizadas, e existem avenidas, viadutos e rodovias só para eles. Hoje em dia, milhares de pessoas usam carros ou ônibus como principais meio de transporte.

As cidades grandes apresentam muitos atrativos para as pessoas. Possibilidades de encontrar pessoas interessantes, conseguir trabalho, ganhar dinheiro, aprender coisas novas e viver aventuras, além de oferecerem muitas opções de lazer que não existem no campo ou em cidades pequenas.

O crescimento das grandes cidades foi relativamente lento da Antiguidade até o começo do século XX, quando de repente o crescimento das cidades explodiu. Antes, a maioria da população morava no campo ou em cidades pequenas, e somente 10% da população mundial morava em grandes cidades. Hoje em dia, mais da metade da população mundial mora nas grandes cidades.

A superpopulação e a rapidez do crescimento das grandes cidades criam problemas muito difíceis de resolver. O transporte é um deles. O aumento exagerado do número de carros nas ruas gera engarrafamentos de trânsito e poluição. O transporte público, muitas vezes, não é suficiente para as necessidades da população.

Mais de um terço da população das grandes cidades do mundo vive em favelas, onde quase sempre não existem redes de esgoto, água limpa, eletricidade, coleta de lixo e escolas apropriadas para a população. A desigualdade social é muito grande e, com isso, a incidência de crimes é maior.

Como resolver esses problemas?

CAPÍTULO 8:

VERDE QUE TE QUERO VERDE

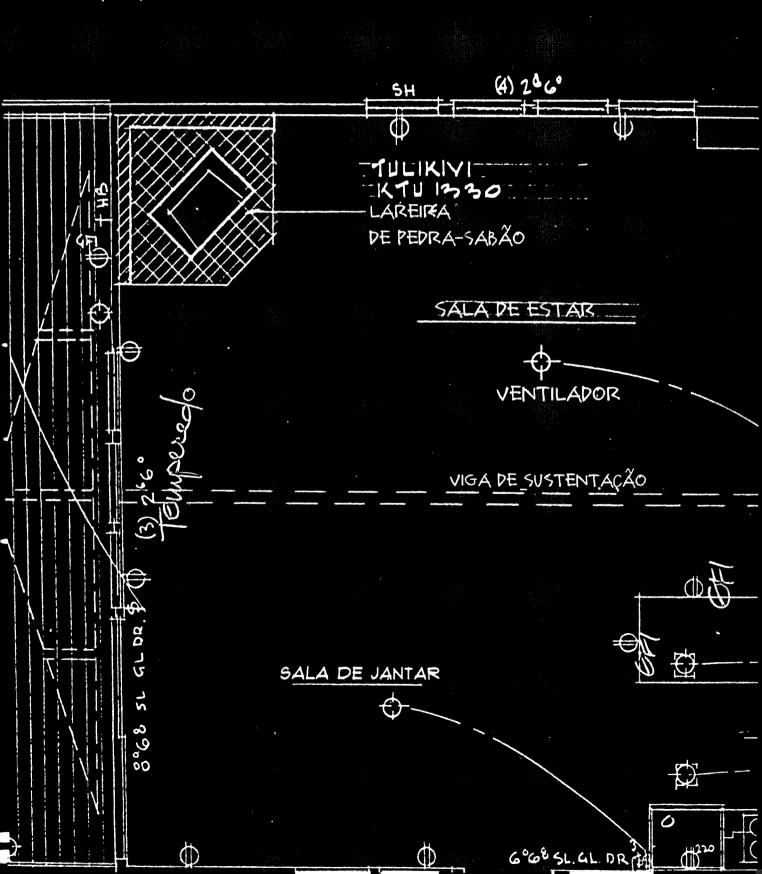

A explosão da população humana e o crescimento desenfreado das grandes cidades levou à devastação de recursos naturais importantes. A poluição prejudicou o equilíbrio da natureza, e o clima do nosso planeta está mudando de forma irreversível.

A arquitetura sustentável busca soluções para esses problemas. Os arquitetos procuram incluir em seus projetos sistemas de energia limpa, como a energia solar ou a energia eólica (do vento), que não poluem o ar. Procuram também usar materiais controlados ou reciclados, que evitem o desmatamento excessivo das florestas. Também é preciso cuidar para que novas construções não afetem áreas importantes de preservação ambiental.

Algumas experiências são muito interessantes, como os *earthships*, ou "naves terrestres", no estado do Novo México, nos Estados Unidos.

Criadas pelo rebelde arquiteto Michael Reynolds, essas casas são feitas de materiais reciclados, como pneus, garrafas e latinhas.

TAOS, ESTADO DO NOVO MÉXICO, ESTADOS UNIDOS

Não precisam de aquecimento no inverno rigoroso do Novo México, nem de ar condicionado no calor intenso do verão. Usam energia solar, coletam água das chuvas e algumas até possuem uma horta interna, onde os moradores podem plantar os seus próprios alimentos.

Por serem construídas com materiais reciclados muito baratos e fáceis de encontrar, essas casas tão bonitas podem ser construídas artesanalmente pelos próprios moradores. Podem também ser uma boa solução para se construir moradias para pessoas que perderam suas casas em locais devastados por desastres naturais, como os *tsunamis* ou furacões.

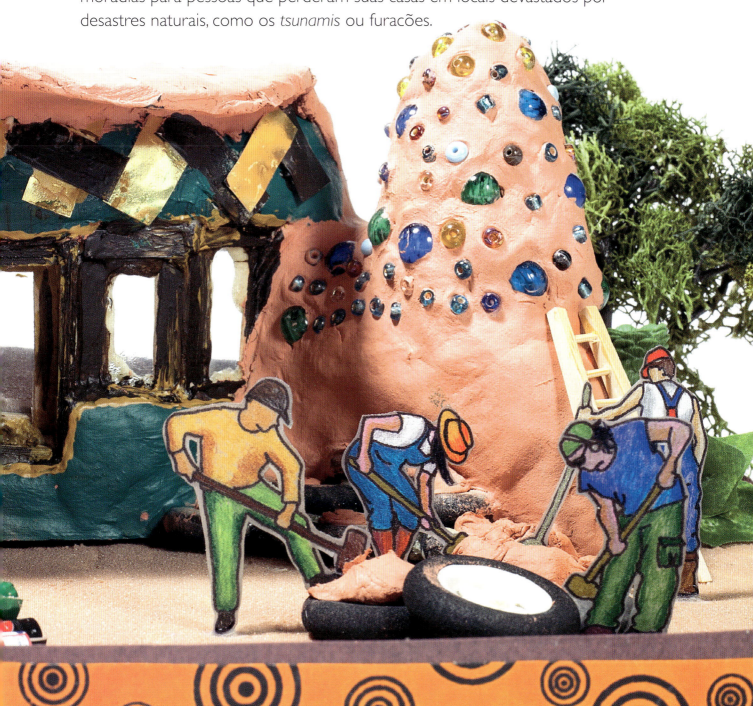

Desenvolver uma arquitetura sustentável também é importante para o urbanismo. Experiências interessantes estão sendo feitas em vários lugares do mundo.

O arquiteto inglês Norman Foster projetou a cidade de Masdar, uma cidade sustentável no meio do deserto dos Emirados Árabes Unidos, que usa apenas energia solar e eólica, não polui e não causa danos ao meio ambiente.

Sistemas ecológicos também foram pensados para a água potável e para o tratamento do lixo. A cidade foi projetada para ser um centro de novas tecnologias. Esse projeto ambicioso e caro, iniciado em 2006, só vai ficar pronto entre 2020 e 2025.

Masdar não vai resolver os problemas do mundo, mas é com certeza um experimento importante. Talvez algumas das ideias exploradas nesse projeto possam ser usadas depois em outras cidades.

É muito importante que todos os setores da sociedade – incluindo o governo, arquitetos, engenheiros, cientistas, educadores e também a população – trabalhem juntos para que nossas cidades melhorem sua relação com o meio ambiente.

Será que novas cidades completamente sustentáveis serão construídas em muitos outros lugares do mundo no futuro? E o que fazer com as cidades que já existem? Como torná-las mais sustentáveis? Como criar cidades que acolham a todos e ao mesmo tempo estejam em harmonia com a natureza?

Conhecer as possibilidades que a arquitetura oferece é também uma maneira de conhecer o ser humano e o meio ambiente. Todos nós precisaremos encontrar soluções para conviver melhor com a natureza. Muitos arquitetos já estão trabalhando nisso, buscando soluções que possibilitem não somente viver em espaços funcionais e bonitos, mas também em harmonia com todo o nosso planeta.

Assim, a arquitetura não é somente uma linguagem e uma forma de arte bonita e útil: usada com inteligência e sensibilidade, ela é também uma ferramenta poderosa, que pode ser usada para construir um mundo melhor para todos nós.

Atividades

Use estes triângulos para fazer um domo geodésico. Siga as instruções da atividade (p. 78).

Faça 8 cópias

72

PESQUISE, DESENHE, FAÇA

1. **Oca**

2. **Casa**

3. **Carimbos**

4. **Cidade sustentável**

5. **Domo geodésico**

 = Fácil

 = Um pouco mais difícil (talvez você precise de ajuda)

 = Desafio! Faça com a ajuda de um adulto.

PESQUISE:

Antes de fazer sua oca, tente aprender um pouco mais sobre esse tipo de moradia tão bonita. Pesquise os formatos das ocas, o material de que são feitas e como os índios vivem nelas.

DESENHE:

Em um caderno, desenhe as ocas mais legais que você encontrar.
Depois, faça um desenho a lápis da oca que você quer construir.

FAÇA:

a) Usando um xaxim de fibra de coco, faça uma oca indígena. Tente achar um xaxim que tenha a forma parecida com a de uma oca e que tenha paredes finas para facilitar o seu trabalho. Vire o xaxim de cabeça para baixo e, com a ajuda de um adulto, corte a porta, conforme a ilustração abaixo. Se não conseguir encontrar o xaxim, você também pode usar uma meia esfera de isopor como base (ou qualquer outra embalagem usada que tenha a forma de meia esfera) e cobri-la com pedaços de fibra de coco, de palha, de papel crepom marrom etc. Use a sua imaginação!

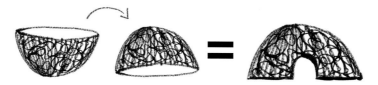

b) Faca uma base para a sua oca usando um pedaço de papelão ou de isopor. Pinte a base de marrom para imitar a terra. Coloque a sua oca sobre a base.

c) Quais os tipos de solo e de vegetação são encontrados em volta de uma oca? Use cartolinas para fazer troncos de árvores e papel de seda em tons de verde-claro e de verde-escuro para fazer arbustos e árvores ao redor da oca.

d) Complete sua oca com índios feitos de papel: mulheres, homens e crianças.

PESQUISE:

Como os arquitetos fazem o projeto de uma casa? Pesquise e procure aprender mais sobre o trabalho dos arquitetos. Nesta atividade, você vai aprender um pouco sobre projetos de arquitetura. Só que em vez de desenhar o projeto para depois construir a casa, você vai desenhar uma casa que já existe: a sua.

DESENHE:

Faça uma lista de todos os cômodos da sua casa. Imagine como é a sua casa vista de cima, como se ela não tivesse telhado, e a gente pudesse ver tudo o que está lá dentro. Faça um desenho bem simples, mostrando onde ficam a sala, a cozinha, o banheiro, o(s) quarto(s). É importante que esse primeiro desenho seja feito apenas usando a sua memória. Esse tipo de desenho visto de cima se chama "planta baixa".

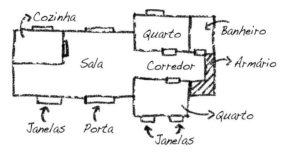

FAÇA:

a) Agora, visite cada cômodo de sua casa e observe-os com mais cuidado. Leve com você o seu rascunho e faça anotações: onde ficam as portas e janelas de cada cômodo? Onde ficam os móveis maiores, como sofá, camas, mesa de jantar etc.? No banheiro, onde ficam o chuveiro, a pia e o vaso sanitário?

b) Com uma fita métrica, trena, ou até mesmo com um pedaço longo de barbante, tire a medida de cada cômodo e anote no seu caderno. Usando toda a informação que você coletou, agora tente fazer uma "planta baixa" mais detalhada da sua casa. Marque a posição das portas e janelas e dos móveis mais importantes. Use uma régua e tente desenhar os cômodos na proporção certa. Talvez seja uma boa ideia usar um papel quadriculado e usar cada quadradinho como unidade de medida (por exemplo: cada quadradinho igual a um metro).

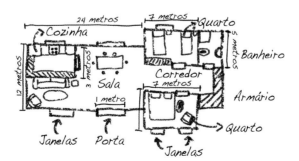

c) Agora, imagine a casa dos seus sonhos... No seu caderno, faça desenhos das partes interna e externa da casa. Tente colocar nesse desenho tudo o que você gostaria de ter na casa dos seus sonhos. Use sua imaginação: pode ser uma casa bem maluca, como ninguém viu antes! Quantos cômodos essa casa vai ter? Quais? Quantas portas e janelas? De que tipo de mobília você vai precisar?

CARIMBOS

PESQUISE:

Pesquise formas de janelas, portas, telhados, muros e colunas de casas e de outras edificações em vários lugares do mundo. Procure fotos em revistas, livros e *websites*. Quanto mais variações melhor!

DESENHE:

Em um caderno, faça o desenho das formas mais interessantes que você encontrar.

FAÇA:

a) Nesta atividade você vai fazer uma coleção de carimbos com as formas que você pesquisou e usá-los para criar fachadas de edifícios, templos, casas, castelos e outras edificações. Para isso, você vai precisar de várias tampinhas de plástico (tampinhas de garrafa PET etc.), folhas de E.V.A. e cola para E.V.A. (E.V.A. é um tipo de folha emborrachada, muito boa para fazer carimbos!)

b) Escolha as formas de portas, janelas, colunas e telhados que achar mais interessantes. Desenhe as formas na folha de E.V.A. e corte com tesoura de pontas arredondadas. Depois, cole cada forma em uma tampinha de plástico, fazendo, assim, uma coleção de carimbos. Se as formas forem muito complicadas, você pode tentar simplificá-las! Uma maneira interessante de fazer isso é tentar usar formas geométricas simples, como retângulos e triângulos. Afinal, muitos elementos da arquitetura são baseados em formas geométricas simples.

c) Você também pode criar suas próprias formas!

d) Umedeça seus carimbos em uma tinta grossa ou pastosa (guache ou tinta acrílica) e use-os em uma folha de papel para criar casas, prédios e até mesmo castelos! É como brincar de construir com blocos de madeira, só que em vez de madeira você vai usar carimbos em uma folha de papel!

Aqui vão algumas sugestões para os seus carimbos:

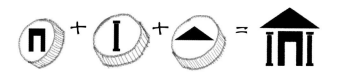

CIDADE SUSTENTÁVEL

PESQUISE:

Quais são os tipos de construção necessários em uma cidade? Faça uma lista com todos eles: moradias, hospitais, escolas, centros culturais etc. Quais os meios de transporte mais ecológicos? Toda cidade também precisa de energia. Pesquise tipos de energia limpa e renovável que você pode usar em sua cidade. Talvez seja uma boa ideia construir sua cidade perto de uma fonte de água. Pesquise como tratar o esgoto para que não polua os rios. Pesquise também as formas mais ecológicas de recolher e de reciclar o lixo.

DESENHE:

Depois de pesquisar, use o seu caderno ou uma folha branca de papel para fazer o "projeto" de sua cidade sustentável. Coloque no seu desenho tudo o que acha importante para a sua cidade.

FAÇA:

a) Faça um modelo de cidade ecológica. Sobre uma base de cartolina ou de isopor e usando uma caneta hidrocor, faça o desenho das ruas e praças.

b) Usando sucata (latinhas, caixinhas e outras embalagens), faça os prédios e as moradias para a sua cidade. Use cola ou fita-crepe para colar os prédios na sua base. Usar materiais reciclados para fazer a sua cidade já é um bom começo! Que tal usar papel celofane azul para fazer o rio ou o lago? Afinal, sua cidade vai precisar de uma fonte de água para abastecer os moradores.
Corte retângulos de cartolina preta para fazer painéis de energia solar e coloque nos seus prédios; use canudinhos brancos para fazer moinhos de coleta da energia eólica.
Faça a central de coleta de lixo reciclado e não se esqueça de colocar a central de tratamento da água!

DOMO GEODÉSICO

PESQUISE:

O domo geodésico ou cúpula geodésica é uma estrutura redonda feita de triângulos. Ela é uma estrutura muito interessante por combinar a leveza com a resistência. Antes de começar o seu projeto, pesquise sobre o domo geodésico. Procure saber a sua história e pesquise sobre os diferentes tipos de domo.

DESENHE:

No seu caderno ou em uma folha branca de papel, desenhe um triângulo, um pentágono e um hexágono. Essas formas geométricas vão ser usadas na estrutura do seu domo.

FAÇA:

a) Existem domos geodésicos de vários tamanhos, mas começaremos construindo uma miniatura feita de papel. Tire cópia dos triângulos da página 72 deste livro. Você vai precisar de 8 cópias para ter o número exato de triângulos para esse projeto. Para fazer uma estrutura forte o suficiente, você vai precisar de um papel um pouco mais duro. Para isso, existem duas opções:

- Você pode fazer as 8 cópias diretamente em um papel mais encorpado (como o papel próprio para desenho);
- Ou colar a sua cópia em um papel mais encorpado.

b) O cinza-escuro nos triângulos é a parte que você vai dobrar e colar depois; o cinza-claro são os triângulos que formarão as paredes externas da sua cúpula. Portanto, corte os triângulos em volta da parte cinza-escura.

c) Dobre as abas cinza-escuras e prepare-se para colar. Vamos usar os triângulos para fazer hexágonos (6 lados) e pentágonos (5 lados).

d) Primeiro, cole os triângulos marcados com a letra "A". Com eles, faça:

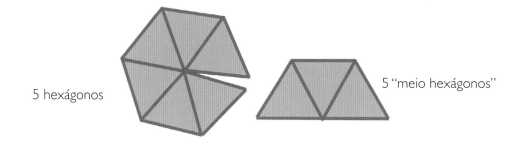

5 hexágonos   5 "meio hexágonos"

e) Cole os triângulos marcados com a letra "B" e faça 6 pentágonos.

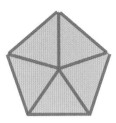

f) Agora, cole 5 pentágonos e os 5 meio hexágonos, alternando um depois do outro.

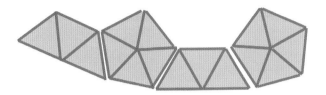

g) Depois, cole os 5 hexágonos no espaço entre cada pentágono.

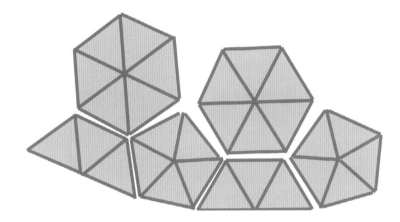

h) Para terminar, coloque o último pentágono para fechar o topo da sua cúpula. Aqui você pode ver como as diferentes formas geométricas se encaixam para formar a cúpula ou o domo.

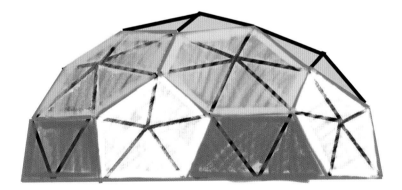

A cúpula geodésica é apenas um exemplo de estrutura que pode ser feita usando-se formas geométricas, como triângulos, pentágonos e hexágonos. Você pode imaginar e construir outras estruturas usando as mesmas formas como base. Para isso, basta fazer mais uma cópia das formas da página 72; cortar os triângulos; dobrar as abas e tentar criar novas estruturas com formas diferentes.

Créditos adicionais:

Lejna Celebicic colaborou na construção dos modelos que aparecem nas páginas 18, 19, 20, 66 e 67; **Cassidy Curtis e Stella Coelho Curtis** colaboraram na construção dos prédios de sucata que aparecem nas páginas 62, 63 e 77; o modelo de papel do Parthenon grego que aparece nas páginas 42 e 43 foi gentilmente cedido pela **Paperlandmarks** e adaptado ao projeto do livro; a Paperlandmarks tem muitos outros *kits* de papel para montar, que podem ser adquiridos no seguinte *site*: <https://www.etsy.com/shop/PaperLandmarks>.

Imagens de domínio público, fonte: wikimedia commons (https://commons.wikimedia.org):

Arcos da Lapa: (p. 44) Rio de Janeiro: Aqueduto da Carioca, 1850. Victor Frond (fotografia); Bachelier (gravura); [domínio público] • **Ninhos de vespas:** (p. 21, topo) - Interior e exterior de um ninho de vespa; [domínio público], fonte: <https://commons.wikimedia.org/wiki/File:PSM_V45_D358_Interior_and_exterior_of_a_wasp_nest.jpg>. 1894, Autor desconhecido • **Desenho de uma vespa e seu ninho:** (p. 21, parte inferior), (*Polistes tepidus*) [domínio público], fonte: 1911, *Encyclopædia Britannica*, v. 28, p. 360, Autor desconhecido, fonte: <https://commons.wikimedia.org/wiki/File:Britannica_Wasp_3.jpg> • **Colunas Gregas:** (p. 42) [domínio público], gravura extraída da *Encyclopédie*, v. 18, 18th century French engraving • **Pantheon Romano:** (p. 51), [domínio público], *Roman and etruscan architecture* |Source=Meyers Kleines Konversations-lexikon.Vierte Auflage 1892, Autor desconhecido • **Castelo Lochranza:** (p. 30) [domínio público], Gravura do Castelo de Lochranza, c. 18 × 12,5 cm; fonte: <https://commons.wikimedia.org/wiki/File:Lochranza_Castle_Thomas.jpg> • **Taj Mahal:** (p. 30) [domínio público] fotografia do Taj Mahal, autor Samuel Bourne, 1860s., fonte: <https://commons.wikimedia.org/wiki/File%3ATaj_Mahal_-_from_the_River_LACMA_M.90.24.42.jpg> • **Modelo da pirâmide do rei Sahure (Abusir):** (p. 48), Metropolitan Museum Collection; imagem sem restrições de *copyright* -, arquivo digital pertence a Cornell University Library, que cedeu a imagem para uso irrestrito, fonte: https://commons.wikimedia.org/wiki/File%3AMetropolitan_Museum_Collection._Model_of_King_Sahure's_Pyramid_at_Abusir.jpg> • **Notre Dame (interior):** (p. 47) [domínio público], *Dictionary of French Architecture from 11th to 16th Century* (1856), Eugène Viollet-le-Duc (1814-1879), fonte: <https://commons.wikimedia.org/wiki/File:Transept.Notre.Dame.Dijon.png>.

Bibliografia consultada:

How buildings learn, What happens after they're built, de Stewart Brand. Estados Unidos: Penguin Books, 1995.
A global history of architecture, de Francis D. K. Ching; Mark M. Jarzombek; Vikramaditya Prakash. Nova Jersey: John Wiley & Sons, 2010.
The art of construction – Projects and principles for beginning engineers architects, de Mario Salvadori. Chicago: Chicago Review Press, 2000.
Buildings without architects – a global guide to everyday architecture, de John May. Nova York: Rizzoli, 2010.
Dwellings, de Paul Oliver. Londres: Phaidon Press Inc., 2007.
The architecture of happiness, de Alain de Botton. Estados Unidos: Vintage, 2008.
Casa modernista – A history of the Brazil modern house, de Alan Hess. Nova York: Rizzoli, 2010.
Arquitetura, de Lúcio Costa. Rio de Janeiro: José Olympio, 2002.
The timeless way of building, de Christopher Alexander. Nova York: Oxford University Press, 1979.
A pattern language, de Chistopher Alexander; Sara Ishikawa; Murray Silverstein. Inglaterra: Oxford University Press, 1977.
The death and life of great american cities, de Jane Jacobs. Nova York: Modern Library, 2011.
Lina Bo Bardi. Marcelo Carvalho Ferraz (org.). São Paulo: Instituto Lina Bo e P. M. Bardi.
Fun with architecture, de David Eisen. Nova York: The Metropolitan Museum of Art, 1992.
Estética da ginga – a arquitetura das favelas através da obra de Hélio Oiticica e Paola Berenstein Jacques. Rio de Janeiro: Casa da Palavra, 2012.
Concrete, William Hall. Londres: Phaidon Press Inc.
Urbanized. Direção de Gary Hustwist. HD Video. Estados Unidos, 2011 (85 min).
How much does your building weigh, Mr. Foster? Direção de Carlos Carcas e Norberto López Amado. Art Comissioners e Aiete Ariane Films. Reino Unido, 2010 (78 mim).
...e uma infinidade de *sites*, revistas, artigos e conversas longas com amigos arquitetos.

Outros livros da coleção "No Caminho das Artes":

Teatro   ***A arte da animação***   ***Música***   ***A arte dos quadrinhos***

Todos os livros foram escritos e ilustrados por Raquel Coelho e publicados pela Editora Saraiva.
www.caminhodasartes.com